www.ingramcontent.com/pod-product-compliance
Lightning Source LLC
LaVergne TN
LVHW010416070526
838199LV00064B/5320
* 9 7 8 9 3 5 8 7 2 6 1 1 4 *

چار سفرنامے

(سفرنامے)

مرتب:

اعجاز عبید

© Taemeer Publications LLC
Chaar Safarnaame (Travelogue)
by: Aijaz Ubaid
Edition: February '2024
Publisher :
Taemeer Publications LLC (Michigan, USA / Hyderabad, India)

ISBN 978-93-5872-611-4

9 789358 726114

مصنف یا ناشر کی پیشگی اجازت کے بغیر اس کتاب کا کوئی بھی حصہ کسی بھی شکل میں بشمول ویب سائٹ پر اَپ لوڈنگ کے لیے استعمال نہ کیا جائے۔ نیز اس کتاب پر کسی بھی قسم کے تنازع کو نمٹانے کا اختیار صرف حیدرآباد (تلنگانہ) کی عدلیہ کو ہوگا۔

© تعمیر پبلی کیشنز

کتاب	:	**چار سفر نامے**
جمع و ترتیب	:	**اعجاز عبید**
صنف	:	سفر نامہ
ناشر	:	تعمیر پبلی کیشنز (حیدرآباد، انڈیا)
سالِ اشاعت	:	۲۰۲۴ء
صفحات	:	۴۴
سرورق ڈیزائن	:	تعمیر ویب ڈیزائن

فہرست

(۱)	وادیِ لالہ زار	سیّد ظفر عباس نقوی	6
(۲)	فیجی۔۔۔ چڑھتے سورج کا پہلا سلام	ڈاکٹر صہیب حسن	17
(۳)	کافر کوٹ کے کھنڈر	ایم زمان کھوکھر	29
(۴)	آلو کھا کر آنسو جھیل دیکھیے	پیر عارف اللہ شاہ	32

(۱) وادیِ لالہ زار

سیّد ظفر عباس نقوی

آوارہ پن کا مظاہرہ کرتی، گلابی رنگ کے جنگلی گلاب کی خوشبو، قریب قریب سر پر ٹکے گھیراؤ کرتے بادلوں کی حد سے زیادہ گھن گرج، گھڑ سواری کے دوران نیچے کی کھائیوں کا سفر، وادی لالہ زار کے ہوٹل میں تیار کردہ لذیذ دیسی انڈوں کا ناشتا، دیسی گھی میں بنی دیسی مرغ کڑاہی، ڈھلوانوں کے نواح میں پھیلے "بھوج پتر" کے جنگلات، ہوٹل کی کھڑکیوں میں سے باہر مصوری کے نمونے جیسے مناظر سے خوشگوار الجھاؤ، رنگا رنگ پھولوں کے قدموں تلے آتے رہنے والے ان گنت گچھے، مدہوشی بھری لطف آمیز دماغ کو تر و تازہ کرتی یہاں کے پانچ رنگے جنگلی گلابوں کی خوشبو، پورے چاند کی خنک راتوں میں تمام اطراف ہو کا عالم، مقامی لوگوں کے کچے عارضی مکانات جن میں وہ اپنے مویشیوں کے ساتھ رہتے ہیں، سرسبز گلزاروں میں گھومنے کے بعد طاری ہوتا کیف، سرمستی کی انوکھی کیفیت اور ٹھٹھری ٹھٹھری کائنات میں عالم غنودگی، غم جہاں اور غم جان سے دور ٹھہرا ٹھہرا بے ساختگی بھرا سہانی گھڑیوں سے بھرپور عالم، سیاحوں کو زندگی بھر اس جنت نگری کی یاد دلاتے رہتے ہیں اور ہماری فطرت پسند آنکھیں اُس لمحے سے دوبارہ شناسائی چاہتی ہیں جب لالہ زار کی درخشاں خوبصورتی نگاہوں کے فطری حسن کی پیاس بجھانے میں کامیاب ہو جاتی ہے۔

کاغان کو حسین کیوں کہا جاتا ہے ؟اس بات کا احساس ہمیں بالاکوٹ سے ۱۰۴ کلو

میٹر دور اور ناران سے ۱۸ کلو میٹر دور لالہ زار کی زمر دیں ڈھلی ڈھلائی چوٹی کی جادو بھری نگری اور برف زاروں میں آ کر جلد ہو جاتا ہے۔ یہاں سے ملکۂ پربت (جھیل سیف الملوک پر متمکن ۱۷۳۰۰ فٹ بلند چوٹی) عقبی جانب سے دکھائی دیتی ہے۔ اس کے پیش منظر میں کہیں بلند کہیں کم بلند گھاس کے قطعات، ان میں مٹیالی لہراتی افق کے دھندلکوں میں ڈوبتی اوپر ہی اوپر رواں دواں پگڈنڈیاں اور یہاں پر چرتی آزاد بھیڑ بکریاں اور خچر قیامت خیز، فسوں انگیز نظارہ پیش کرتے ہیں۔ لالہ زار میں پیدل سفر کرتے، اپنے سنگ یادوں کے میلے کی بارات لیے، ناقابل اعتبار بارش میں بھیگ کر سیاح پگڈنڈیوں کے بدلے بدلے مناظر سے روشناس ہوتے ہیں۔ ایسے میں سرد، تند ہواؤں سے بچاؤ، ارد گرد کے مناظر کو دیکھنے کی خواہش پر غالب آ جاتا ہے اور گرم چادر اوڑھے بغیر چارہ نہیں ہوتا۔

اسلام آباد سے پشاور روڈ پر آتے ہوئے حسن ابدال پہنچ کر ہری پور جانے والے راستے پر مڑ جائیں۔ یوں آپ شہر سبزہ گل ایبٹ آباد سے ہوتے ہوئے مانسہرہ (۲۵ کلو میٹر کا فاصلہ) پہنچ جائیں گے جہاں سے کاغان روڈ جبہ بائی پاس شاہراہ ریشم سے الگ ہو کر آپ کو تاریخی لیکن تباہ حال بالا کوٹ، گھنول، کیوائی، پارس، فرید آباد، مہانڈری، کھنیاں، کاغان سے گزارتی کاغان کی سیاحت کے مرکزی بیس کیمپ ناران پہنچا دے گی۔ ہم پنڈی سے اپنی گاڑی نہ ہونے کی صورت میں پی ٹی ڈی سی کی روزانہ صبح ۹ بجے روانہ ہونے والی لگژری کوچ میں بھی ناران پہنچ سکتے ہیں۔ یہ سفر تقریباً ۱۰ گھنٹے میں طے ہوتا ہے اور اس کا کرایہ ۵۰۰ روپے فی کس ہے۔ اس کے علاوہ پنڈی سے مانسہرہ اور وہاں سے بالا کوٹ اور پھر ناران تک کا سفر گاڑی بدل بدل کر بھی کیا جا سکتا ہے۔ ناران سے روانہ ہوتے ہی نالہ سیف الملوک پر بنے آہنی پل کو پار کر کے پی ٹی ڈی سی کے ہوٹل کے قریب سے گزر کر ہم ناران کی وسیع وادی میں گزرتے ہوئے تحیر میں ڈوب جاتے ہیں۔ بٹہ کنڈی میں لالہ

زار کی چڑھائی سے کچھ قبل سڑک کے دائیں طرف ایک کئی سوفٹ 'سوہنی' نامی آبشار کا نظارہ اپنے ہمراہ خوشبو بھری خوشگوار سرد لمس سے بھری ہوائیں لیے ہوتا ہے۔ ناران سے لالہ زار آتے ہوئے دتمتمہ، ڈاک بنگلہ، شٹر سونچ، سوچا اور سوہنی کے سر سبز آلو اور موٹھ کے کھیتوں والے مقامات سے گزر ہوتا ہے۔

وادی لالہ زار تک ناران سے بٹہ کنڈی پہنچ کر کئی پیدل راستے بھی آتے ہیں جو مہم جو اور پیدل سفر کرنے کے شوقین افراد کیلئے بھرپور مواقع فراہم کرتے ہیں۔ ان راستوں میں اولین بٹہ کنڈی سٹاپ سے عین اوپر کی طرف "چھریال" کے راستے آرام گھر تک بالکل عمودی چڑھائی والا تھکاوٹ آمیز راستہ ہے۔ دوسرا راستہ بٹہ کنڈی سے ڈوگی اور لاواں سے 'شارٹ کٹ' ہے۔ تیسرا راستہ ہنس گلی، ڈنہ دوریاں اور تمبو والا ڈھیر سے ہوتا ہوا وادی میں اترتا ہے۔ یہ راستے گھوڑے یا خچر پر بھی طے کیے جاسکتے ہیں۔ خچر والے تقریباً ۲۰۰ تا ۳۰۰ روپے فی کس لیتے ہیں۔ چیلاس کاغان شاہراہ پر واقع بٹہ کنڈی سے جیپ کا راستہ آدھ گھنٹے کا ہے۔ مسلسل چڑھائی، نیچے دریائے کنہار اور گہری کھائیوں کی بدولت سرد اور خنک موسم کے باوجود سیاحوں کے ماتھوں پر پسینے کے قطرے دیکھے جا سکتے ہیں۔ بارش اور طغیانی کے بعد ڈرائیور حضرات بھی ان راستوں سے گھبراتے ہیں۔ اور اگر انہیں آنا پڑے تو کیچڑ بھرے راستوں پر چلتے ہوئے ان کے چہروں پر پریشانی بھری لکیریں دیکھنے میں عام ملتی ہیں۔ کئی بار تو مسافر حادثات سے بھی دوچار ہو چکے ہیں۔ ضرورت اس امر کی ہے کہ یہاں تک پختہ سڑک فوری تعمیر کرائی جائے تاکہ سیاح بے خوف و خطر یہاں کے نظاروں سے اپنی آنکھوں کو ٹھنڈک پہنچائیں۔ جب سورج کی روپہلی کرنیں دور بلند چوٹیوں پر پڑتی ہیں تو لالہ زار کا آنکھوں کو خیرہ کر دینے والا حسن پوری آب و تاب سے جلوہ گر ہوتا ہے۔ اصل دیدہ زیبی اس وقت نمایاں ہوتی ہے جب

سرسبز ڈھلوانوں پر طلوع ہوتے سورج کی کرنیں بادلوں میں جھانکتی ہوئی پٹیوں کی صورت میں مشرق سے نمودار ہوتی ہیں۔ سیاہ بادلوں میں سورج منہ چھپائے لالہ زار پر یہاں وہاں سایہ فگن رہتا ہے اور ہمارے دل کی دھڑکن ہمارے اختیار سے باہر ہو جاتی ہے۔ کوئی قتل نہیں ہوا۔ غربت کے باوجود چوری چکاری کے واقعات بھی شاذ و نادر ہیں۔ لوگ زیادہ تر ترکاری اور پنیر سے بنے کھانوں پر اکتفا کرتے ہیں۔ اہم مقامی کھانوں میں بت فا (باتھو) لانگڑ، بل پیچیچپا، تروتڑا، سونچل (شلغم) کیری، شیلی، کٹ کلاڑی، شیری، کڑھم شامل ہیں۔ میٹھے میں نشاستہ (حلوا) شیرہ (مکئی کے آٹے اور لسی، دیسی گھی کا تیار شدہ آمیزہ) کیری زیادہ مقبول ہیں۔ مشروبات میں لسی (بگوڑا) بہت پسند کی جاتی ہے۔ ٹراوٹ مچھلی اور بکرے کا گوشت خاص ڈشز کے طور پر تیار کیے جاتے ہیں۔

لالہ زار کے تقریباً ۸۵ تا ۱۰۰ پتھر اور لکڑی کے بنے ۴ تا ۵ کمروں پر مشتمل گھروں میں موسم گرما میں ہی باشندے آباد ہوتے ہیں۔ یہ افراد اپنے مویشیوں کے ہمراہ سرسبز چراگاہوں اور آلو کی فصل کاشت کرنے کی غرض سے یہاں کا رخ کرتے ہیں۔ سرما کے اوائل میں ہی یہ افراد گڑھی حبیب اللہ کے سیری ٹاؤن میں جا کر آباد ہو جاتے ہیں اور واپسی پر یہاں سے نادر جڑی بوٹیاں بھی اپنے ہمراہ لے جاتے ہیں جو قدر دان سنیاسیوں کے دواخانوں کی رونق بڑھاتی نظر آتی ہے۔

لالہ زار کے علاقے میں جا بجا جانور چراتے سواتی، افغانی قبائل سے تعلق رکھنے والے حضرات باربردار خچروں کو اپنے ہمراہ لیے محو سفر نظر آتے ہیں۔ ان کے خچروں کی کمروں سے چپکے ہوئے لاتعداد بچے، بھڑکتے رنگوں کی کشیدہ کاری کے اعلیٰ نمونوں کے حامل کپڑے زیب تن کیے، چاندی کے بھاری بھر کم زیورات پہنے خوبصورت خواتین میدانی اور ساحلی علاقے کے سیاحوں کو نئی تہذیب سے روشناس کراتے ہیں۔ وادی لالہ

زار میں اقامتی سہولتوں میں اولین محکمہ جنگلات کا آرام گھر ہے جو ۱۹۵۶-۵۸ کے دوران سرکاری افسر غلام فاروق کی زیر نگرانی تعمیر ہوا۔ اسے بھی زلزلے سے نقصان پہنچا لیکن کسی حد تک یہ قابل استعمال ہے۔ اس کی مرمت کا منصوبہ ہنوز طاق نسیاں کی زینت لگتا ہے۔ اس کو لالہ زار کے دلفریب مناظر سے ذرا دور کچھ اس طرح تعمیر کیا گیا تھا کہ سیاحوں کا لالہ زار کے ٹیلے پر چڑھتے ہی اس کی خوبصورتی سے پالا پڑتا۔ کہا جاتا ہے اس آرام گھر میں صدر ایوب بھی ٹھہرے، لیکن آجکل دو تین نئے ہوٹلوں کی تعمیر سے لالہ زار کے مناظر پر گویا مخمل پر ٹاٹ کے پیوند لگا دیئے ہیں۔ اس آرام گھر کا چوکیدار "کاکا" سیاحوں کی خدمت میں کوئی کسر اٹھا نہیں رکھتا اور اپنی مدد آپ کے تحت آرام گھر کی مرمت کر رہا ہے۔

لالہ زار میں لنڈی مال، موہری، ڈھیر، ہانس ناڑ، کیلیئے بہک، دڑویاں والی بہک، لچھیاں والی مالی، کھڑے والی مالی، ہچا، کھڑا مالی، جبر والی مالی، اپر والا ڈنہ، ہلد اجبہ، ڈونگی والی مالہ، نامی بلند چراگاہیں اپنی سبز گھاس اور جانوروں کا پیٹ بھرنے کی صلاحیت کے باعث خاصی مشہور ہیں۔ اس کے ساتھ ساتھ لالہ زار میں گھنے جنگلات سے ڈھکی ڈھلوانیں اور میدان بھی بکثرت ہیں۔ زیادہ اہم علاقے مرہری، نالئی نالہ، سوہنی، خلای بن، سونچ، تمتمہ، شیلی والا بیلا، ڈبلوکاں، بانسہ، بڑوی، درنڈہ، بنگلیاں اور گٹاں مشہور میدان ہیں۔ لالہ زار کے قریبی دکھائی دینے والے پہاڑوں کے نام مقامی زبان میں رکھے گئے ہیں۔ (مقامی)نانگا پربت، کوہ نور، جنوں والی پہاڑی، دیو والی پہاڑ (دیومالائی خصوصیات کی وجہ سے یہ نام پڑا) شانک والا پہاڑ، گلیشیر والی باڑ، دھند والی باڑ (اس پہاڑ پر عموماً دھندلا موسم رہتا ہے) کھل ہٹ والی پہاڑی، لیدہ والی، نسری، لنڈی والی، بٹ والی، دیوانے فرا کی پہاڑی (ایک محبت کی داستان کی بدولت یہ نام) چٹان والی اور نیلم زیادہ اہم اور وادی کی ہر جگہ سے نظر

آنے والی نوکیلی پہاڑی چوٹیاں ہیں۔

وادی لالہ زار میں پتریس کٹھ، چورا، کوڑھ، گگل دھوپ، برجمونی، ڈنگ سونچل، گولڑی، بٹ میوہ، چاؤ، جوگی بادشاہ، چوٹیال، ہنیرہ، کن چھاری، دھرتی کنڈہ نامی جڑی بوٹیاں مختلف امراض کیلئے بہت مؤثر ہیں۔ تل، دیار، بہاڑ، کچھل سلئی، کیلو، پرج کے درخت لالہ زار کے پہاڑوں کی دیدہ زیبی بڑھانے میں معاون ثابت ہو رہے ہیں۔

مقامی گلوکار لالہ زار میں سادگی سے تیار کرائے گئے موسیقی کے آلات "دشنکاہ" اور بانسری کی دھنوں پر گیت گاتے ہیں اور دیگر حاضرین ذوق و شوق سے ان پر رقص کرتے ہیں۔ یہاں کے تمام نوجوان شعر و شاعری اور گلوکاری میں حد درجہ دلچسپی لیتے ہیں۔ اپنا زیادہ تر وقت داستانیں سنانے، واقعات پڑھنے، جدید شہریوں کے طرز حیات کو زیر بحث لانے، ہنسی مذاق، اپنے معاشقوں کے قصے بیان کرنے، بانسری سننے سنانے، سیاحوں کیلئے 'اناڑی راہنما' کا کام کرنے یا کسی چھوٹے موٹے کاروبار (مہنگے داموں اشیائے خورد و نوش کی فروخت) کرتے گزارتے ہیں۔ مقامی خواتین اپنے گھریلو استعمال کیلئے چھڑیاں، ٹوپی، مفلر، چادریں وغیرہ کڑھائی کرتی ہیں۔ وہ اپنے گھریلو استعمال کیلئے کڑھی ہوئی چادریں، بستری چادریں، میز پوش بناتی ہیں۔ انہیں جدید منڈی سے منسلک کرنے سے قبل مقامی خواتین کو بہتر دستکار بنانے کی بہت ضرورت ہے۔ سطح سمندر سے ۸ تا ۱۲ ہزار فٹ بلندی پر پایا جانے والا "بھوج پتر" ایک سست روی سے بڑھنے والا درخت نباتاتی و جنگلاتی علوم میں دلچسپی رکھنے والے حضرات کے دلچسپ مطالعہ کا باعث ہے۔ 'دیوانے کے پہاڑ' کے قریب ایک گھوڑا نما بت بھی موجود ہے جس کے متعلق دیو مالائی کہاوتیں مشہور ہیں۔ کئی دیگر معدنیات کے علاوہ لالہ زار کی پہاڑیوں میں سنگ مرمر اور یاقوت نکلنے کے روشن امکانات ہی لالہ زار میں مارخور کا شکار بڑے ذوق سے کیا جاتا ہے۔ یہ عموماً

برف کے تودوں پر کھڑے نظر آتے ہیں۔ نواحی علاقے میں چکور، کالے اور سرخ ریچھ، شیر، چیتا، ہمالیاتی تیتر، جنگلی کبوتر، لنگاڑی، چیتا (دھبوں والا)، بھورا ریچھ، پلڑی (مونث بن مانس) ہربانو (بن مانس)، بوجنا (بندر) نول، کھن چوہا، رونس (کستوری والا ہرن) اور کِل بکری وافر تعداد میں پائے جاتے ہیں۔ مقامی پرندوں میں زیادہ اہم کونک، بھڑرا، بن ککڑ، جنگلی کبوتر، فاختہ، ڈھبری، مرغابی، جگ باجھیا (شاہین/عقاب) کالا کوا، شنوڑی (چڑی) جانو چڑی، لم دمہ، (دم دار) پھتہ، پیلی چڑی، شارک، بلبل، ابابیل وغیرہ اہم ہیں۔ پیلے سینے والی چڑیا کی چہچہاہٹ ہو یا گلیشیروں کے سرکنے کی آواز، خچروں کے ٹاپوں کی آواز ہو یا جیپوں کے بھونپو، لالہ زار اپنے سکوت کو برقرار رکھنے کی جنگ ہر دم جاری رکھتا ہے۔ سوہنی آبشار، ڈوگی، ڈک، کنڈورنا، چھمبری والا آبشار لالہ زار کی اہم اور نمایاں آبشاریں ہیں۔ پچھی جھیل، سیرن جھیل، ہانس جھیل برساتی پانی سے بھری صاف پانی کی برفیلی جوہڑ نما جھیلیں بھی اپنے پانی میں برف پوش چوٹیوں کا عکس لیے سیاحوں کیلئے خوبصورتی کی مثالی تصویر بنے سیاحوں کی منتظر ہیں۔

اس وادی میں مرگ کے موقع پر وفات والے گھر میں ۳ یوم تک کھانا نہیں پکتا بلکہ اسے ہمسایوں کی طرف سے کھانا فراہم کر کے اس کے غم میں برابر شرکت کی جاتی ہے۔ فوتگی پر پورے علاقے میں موسیقی سننا ممنوع قرار پاتا ہے۔ ہر ساتویں یوم (ختم خیرات) کیا جاتا ہے چالیسواں بھی عام ہے۔ کم عمری کی شادی اور یہاں اوسطاً فی خاتون ۱۰ تا ۱۲ بچے جننے کا راسخ رواج ہے۔ ایک دو معاملات تو ایسی خواتین کا بھی بتلایا گیا جنھوں نے ۱۸، ۱۸ بچے پیدا کیے ہیں۔ اس ضمن میں زچہ کی اچھی صحت کے تصور کا فقدان ہے۔ اس وادی میں زیادہ سے زیادہ حق مہر لکھوانے کا رواج ہے۔ لڑکے والے کافی زیورات لڑکی کی نذر کرتے ہیں۔ لڑکی کو ڈولی میں لے جانے کا رواج آج بھی موجود ہے۔ رخصتی کے ۳ یوم بعد

تک بھی لڑکے لڑکی کو باہم دور رکھا جاتا ہے۔ لڑکا اپنے گھر میں اپنے والدین کے سامنے کئی سالوں تک اپنی بیوی کے قریب نہیں بیٹھ سکتا۔ لالہ زار کے سبزہ زار رومان کا مثالی موقع فراہم کرتے ہیں۔ ہر نوجوان کے لبوں پر کسی نہ کسی محبوب کے وصال کے تذکرے وافر پائے جاتے ہیں۔ یہاں کے مرد اگرچہ مرد عورت کے آزادانہ میل جول کو ناپسند کرتے ہیں اور اس میل جول پر جوڑے کو دار فانی کی طرف روانہ کر دینے کے دعویدار بھی ہیں، لیکن رومانوی داستانوں کی کثرت کے مقابلے میں غیرت کے نام پر قتل کی تعداد نہ ہونے کے برابر ہے۔ لالہ زار جیسے دل جکڑنے والے پر فضا مقام پر بجلی، ٹیلی فون، بنیادی مرکز صحت، اچھے سکول کا نہ ہونا حیرت کے ساتھ ساتھ باعث افسوس بھی ہے۔ وادی میں جنگلات کی چوری چھپے کٹائی، نکاسی آب کا عدم انتظام، زچہ بچہ کے علاج کی سہولیات کے فقدان جیسے مسائل آباد کاروں کے دل میں غم و غصہ اور احساس کہتری کا باعث بن رہے ہیں۔ لالہ زار تک پختہ سڑک یہاں کی سیاحت کو بہت ترقی دلا سکتی ہے۔ اگرچہ یہاں صرف ایک پرائمری سکول ہے لیکن لالہ زار میں میٹرک افراد کی تعداد تقریباً ۱۵۰ ہے۔ لڑکیوں کی تعلیم کے سلسلے میں مقامی سطح پر اپنی مدد آپ کے تحت کچھ کرنے کی ضرورت ہے۔ بچوں کو آج بھی بٹہ کنڈی میں پڑھنے کیلئے روزانہ ۷ کلو میٹر اترائی چڑھائی پر مشتمل سفر طے کرنا پڑتا ہے۔

لالہ زار کے پہاڑوں پر سے اُترنے والے کئی نالے دریائے کنہار میں مل جاتے ہیں۔ ان میں زم زم، نالہ، کوہ نور، موری نالہ، چٹاکٹھا نالہ، چھریاں ناڑ، قابل ذکر ہیں۔ آخر الذکر نالے پر مقامی ضروریات کو پورا کرنے کیلئے بجلی پیدا کرنے کا اہتمام کیا جا سکتا ہے۔

وادی لالہ زار کی چراگاہوں میں گھوڑے اور اُن کے مالک سیاحوں کو ہر دم گھڑ

سواری کے لیے دعوت دیتے نظر آتے ہیں۔ شام چار بجے کے بعد تمام سیاح واپس ناران لوٹ جاتے ہیں۔ یہ وقت ان گھوڑوں کے آزاد چرنے کا ہوتا ہے اور ان چراگاہوں پر انہی گھوڑوں کا راج اگلی صبح ۱۱۔۱۰ بجے تک جاری رہتا ہے۔ پٹھو گرم، کبڈی، ہنجو، بلور، چھپی لونڈی جیسے کھیل بچوں کے مابین مقبول ہیں۔ لالہ زار میں جگہ جگہ بچے اشکئی (دائرہ میں پنجاب کے کھڑی وانجل نما) برف پانی اور گلی ڈنڈا جیسے مقامی کھیلوں کے ساتھ ساتھ کرکٹ اور والی بال کھیلتے نظر آتے ہیں۔ ۱۴/ اگست کو لالہ زار میں مقامی طور پر میلے کا انعقاد بھی کیا جاتا ہے، جس میں خوشی کے طور پر گانا بجانا اور کئی کھیلوں کے مقابلے منعقد کرائے جاتے ہیں۔ ان میں مقامی گلوکار حنیف اور لطیف (رہائشی پشاور، ایبٹ آباد) اپنی خوبصورت آواز کے جادو جگاتے نظر آتے ہیں۔ جب کہ مظفر آباد سائیں سہیلی سرکار (رح) کے مزار پر حاضری کیلیئے عرس کے دنوں میں کئی ٹولیاں لالہ زار سے روانہ ہوتی رہتی ہیں۔ یہاں کے بچے تجسس بھری نگاہوں سے سیاحوں کو دیکھتے ہیں اور ایک دم سے 'ہوٹنگ' کا لمبا سلسلہ شروع کر دیتے ہیں۔

وادی لالہ زار کے نواح میں بھیڑوں، بکریوں اور گایوں کے پیٹ کا دوزخ بھرنے میں معروف سبزہ زار میدانوں میں دھبو کوولا، ڈھاکا مکھیاں، موای سیرن، ڈک، ڈوگی، ڈنہ (اپنے کھلیانوں کیلیئے معروف) اور تمبو والا ڈھیر زیادہ اہم ہیں۔ لالہ زار سے ۶۰۰ فٹ بلند تمبو والا ڈھیر سے برف پوش چوٹیاں بالکل برابری کی سطح سے دکھائی دیتی ہیں۔ یہیں سے نیچے لالہ زار فارسٹ ریسٹ ہاؤس و دیگر عمارتیں بھی واضح دکھائی دیتی ہیں۔ لالہ زار کی نباتاتی اجزا سے لبریز زمین، پانی جذب کرنے کی بے انتہا صلاحیت رکھتی ہے۔ اسی وجہ سے یہاں آلو، مٹر، گوبھی، شلغم، گاجر وغیرہ کی کاشت میں کامیابی کا یہ عالم ہے کہ سیاحوں کیلیئے کشش کا باعث ڈھلوانوں پر بھی نت نئے کھیت وجود میں آرہے ہیں، جیسے تجارت پرستی

کے رستے ہوئے زخم پر مقامی آبادی کی مفلسی کے پیوند، معاشی مجبوریوں کی ستائی آبادی ہر دستیاب زرعی خطہ ارض پر چھوٹے چھوٹے کھیت بنا کر اپنی آمدن کے ذرائع بڑھاتی نظر آتی ہے۔ گزشتہ چند سالوں سے جنرل ترمذی نے اپنے ملکیتی ڈھلوانی علاقہ جو یہاں کی خوبصورتی بر قرار رکھنے میں ریڑھ کی ہڈی کی حیثیت رکھتا تھا، مقامی لوگوں کو چند لاکھ کے عوض ٹھیکے پر دے دیا تو مقامی لوگوں نے ان گلاب کے پھولوں سے لدی ڈھلوانوں کا حلیہ بگاڑ دیا۔ ان ڈھلوانوں کی وٹ بندی کیلئے کئی قیمتی درخت بھی کاٹے جا رہے ہیں۔ بہتر یہ ہے کہ مٹی کے بڑے ڈھیلے اس مقصد کیلئے استعمال کیے جائیں۔

گلابوں کے نئے مہکتے شگوفے بہار رُت کا پیش خیمہ بنتے ہوئے لالہ زار کے چمن کا گہنا بنے اپنی سرخی سے لطیف جذبوں کی راگنی الاپ رہے ہوتے ہیں۔ یہ پھول ہماری برسوں کی ہمنوا اُداسی کو تمنا بھرے جذبات سے لبریز کر دیتے ہیں۔ صبح کے وقت لالہ زار کے شبنم سے لدے مر غزار پھولوں کی قبا میں لپٹے، پیلے سینے والی چڑیوں کی چہکار کے سریلے شور سے تمام ڈھلوانوں کو چٹکتی کلیوں کی طرح جگا دیتی ہے۔ ایسے میں ہمارے دل میں پھول کھلنا، جلترنگ بجنا، آنکھوں میں ایک خواب ناک بستی کے خواب کو سمجھنا، لازم ہو جاتا ہے۔ رات کے آخری پہر میں دودھیا چاندنی میں چلنا، گلابوں کی خوشبو میں نہانا، اوس سے بھیگی آنکھوں کے حسین سپنوں میں کھو جانا، ادھوری نگری کو تصورات میں بسانا، بے نشان راہوں میں انوکھے سفر طے کرنا، صبح کاذب میں دھند لکے پہاڑوں کا نظارہ کرنا انسانی دھڑکنیں بڑھانے کے لیے کافی ہیں۔ ماورا بنفشی، اگن برساتی تمازت، نیلے آکاش تلے تمام کرنیں نور کی چادر پھیلائے ہماری راہوں کو سجاتی ہیں۔ یہ قوس قزح بھرا موسم، من میں مچلتی ہزاروں تمناؤں کا ترجمان بن کر رت کو انگڑائیاں لینے پر مجبور کر دیتا ہے۔ یہاں کی ہر رات کا موسم ہمراہ بوندوں کی سرگم لے کر آتا ہے۔

جا بجا چراگاہوں، پہاڑوں میں بنے دلکش مکانوں، مخمل نما سرسبز گھاس پر لہلہاتے سرخ، نیلے، پیلے دمکتے پھولوں، ابلتی ندیوں، گنگناتے جھاگ اڑاتے چشموں، برف کی چاندنی میں ڈوبے چاندی کے نیلگوں آسمان میں دھنستے پہاڑوں، گھنے جنگلات، ہر گام موڑ کاٹتی پگڈنڈیوں، قطاروں میں لگے شاندار قد آور صنوبر اور ان کی اوڑھ سے جھانکتی پر اسرار اُداس تنہا، لیکن سرسبز پہاڑیاں سیاحوں کا دل جیتنے والی، مشک بار مست کرنے والی ہوائیں لالہ زار کی سیاحت کو ایک یادگار کا رتبہ دیتی ہیں۔

(۲) فیجی۔۔۔ چڑھتے سورج کا پہلا سلام

ڈاکٹر صہیب حسن

میں فیجی کے بارے میں اتنا ہی جانتا تھا کہ اگر کرۂ ارض کے گلوب کو غور سے دیکھا جائے، تو بالائی سطح پر جہاں لندن نظر آئے گا وہاں بالکل اس کے نیچے جزائرِ فیجی نظر آئیں گے جہاں ۱۸۰ ڈگری طول بلد کا خط اُن کے قریب سے گزر رہا ہو گا۔

۱۹۸۴ء کے آغاز کی بات ہے جب سعودی عرب کی وزارتِ تعلیم اور دارالافتاء کے تعاون سے وہاں ایک ماہ کا تعلیمی اور تربیتی کورس رکھا گیا، جس میں مجھے بہ حیثیت ایک مدرس شرکت کرنا تھی۔ اس کورس میں فیجی، نیوزی لینڈ، آسٹریلیا اور بحر الکاہل کے دیگر جزائر سے ائمہ کرام کو شرکت کی دعوت دی گئی تھی۔

برٹش ایئر ویز کی پرواز صبح دس بجے لندن سے روانہ ہوئی اور ساڑھے دس گھنٹے کی مسلسل اُڑان کے بعد سان فرانسسکو کے ہوائی اڈے پر اُتری۔

میری اگلی پرواز نیوزی لینڈ ائر لائنز سے 'ہونولولو' (جزیرہ ہوائی) کے لیے تھی جو ساڑھے چار گھنٹے کی مسافت پر تھا۔ روانہ ہوتے ہوئے یہاں شام کے سات بج گئے تھے۔ 'ہونولولو' میں رات کی تاریکی ہر سُو چھائی ہوئی تھی اس لیے اس خوبصورت جزیرے کی ایک جھلک دیکھنے کی تمنا دل ہی میں رہ گئی۔ 'ہونولولو' میں ایک ساعت کے اسٹاپ کے بعد فیجی کے بین الاقوامی ہوائی اڈے 'نا ندی' کے لیے روانہ ہوئے۔ ساڑھے چھ گھنٹے کی پرواز کا مطلب ہے کہ ہمیں کوئی ۳۲۲۵ میل کی مسافت طے کرنا تھی۔ ہم مقامی وقت کے مطابق صبح ساڑھے چار بجے 'نا ندی' پہنچے۔

پاسپورٹ کی چیکنگ کے مرحلہ سے فارغ ہو کر ہوائی اڈے کے بیرونی حصہ میں آیا، ابھی فیجی کے دارالسلطنت 'سووا'، (Sauva) کی پرواز پکڑنا باقی تھی۔ ائرپیسیفک کا ایک چھوٹا جہاز سولہ مسافروں کو اپنے دامن میں سموتا ہوا عازمِ 'سووا' ہوا۔ میں پائلٹ کے بالکل عقب میں ہونے کی وجہ سے سامنے کا منظر بخوبی دیکھ سکتا تھا۔ اس جزیرے کی بے پناہ ہریالی، ندی نالوں کی کثرت، خال خال مٹی کے گھروندے، افریقہ کی یاد دلا رہے تھے، صرف اس فرق کے ساتھ کہ وہاں ایسے سفر میں ہرن، چیتل، زیبرے، سانڈ، بندر اور زرافے کو دتے پھلانگتے نظر آتے ہیں۔

'سووا' کی پہلی جھلک میں اسکولوں کے بچے بچیاں بستے اُٹھائے اسکولوں کی طرف بڑھتے نظر آئے، اکثر چہرے ہندوستانی تھے۔ بعد میں پتا چلا کہ فیجی کی سات لاکھ کی آبادی میں اکثریت ہندوستانیوں کی ہے۔ میرا قیام ہوائی اڈے سے بارہ میل دور TRADEWIND نامی ہوٹل میں تھا، کمرے کی کھڑکیاں چند قدم کے فاصلے پر سمندر کی اُن لاتعداد کھاڑیوں کی نشاندہی کر رہی تھیں جن کا نمکین پانی جزیرے کے کونے کونے کو اپنے وجود کا احساس دلاتا رہتا ہے۔

ہماری مصروفیات کا آغاز تعارفی اجتماع سے ہوا، پروگرام کے کرتا دھرتا شیخ عبد العزیز المسند سے ملاقات ہوئی جو اسی مقصد کے لیے اپنی ٹیم کے ساتھ ریاض سے تشریف لا چکے تھے۔

میرے لیے برادرم ابراہیم آر کیکنیل سے ملاقات بڑی مسرت کا باعث رہی، جنوبی ہند کے یہ دوست، جامعہ ازھر کے تعلیم یافتہ تھے اور کینیا کے قیام کے دوران حلقہ تعارف میں آئے، پھر دعوتی و تبلیغی پروگراموں میں بعض اوقات دن رات ساتھ رہا، میرے نیروبی چھوڑنے کے کچھ عرصہ بعد یہ فیجی آگئے تھے اور اب ایک ہمدم دیرینہ سے

ملاقات پرانی یادوں کو تازہ کر گئی۔

آج کی شام پروگرام کا افتتاحی اجلاس تھا جس میں فیجی کے نائب وزیر اعظم، آسٹریلیا میں سعودی سفیر، آسٹریلیا کی مسلمان تنظیموں کی فیڈریشن کے صدر، فیجی حکومت کے دو مسلمان وزرا اور ہندوپاک کے سفارتی نمائندوں نے بطورِ خاص شرکت کی۔

فیجی کے نائب وزیر اعظم یہاں کی مقامی آبادی جسے (پولونیشین) سے تعبیر کیا جاتا ہے، کے ایک معزز فرد تھے، اپنی افتتاحی تقریر میں انہوں نے اسلام کی خوبیوں کا تذکرہ کیا۔ سورۃ اخلاص کا ترجمہ پڑھ کر سنایا اور پروگرام کا باقاعدہ آغاز کر دیا۔ موصوف اپنے روایتی قومی لباس (سولا) میں ملبوس تھے جس میں قابلِ ذکر ان کا دھوتی نما لہنگا ہے، لیکن اس کی تنگ دامنی گاندھی جی کی دھوتی کی یاد دلا رہی تھی، لیکن ہمیں اس سے کیا؟ ہر دیس کا اپنا اپنا بھیس!!

اب میں روزانہ کی ڈائری ایک طرف رکھتا ہوں اور فیجی کی اقامت کے دوران اپنی مصروفیات کا اجمالی تذکرہ کرتا ہوں۔

ہمارے دن کا آغاز فجر کی نماز کے بعد حلقہ تجوید کی حاضری سے ہوتا، تمام شرکا چاہے طلبہ ہوں یا اساتذہ، تین حلقوں میں اپنے اپنے شیخ حلقہ کی نگرانی میں قرآن سناتے اور اپنی قرأت کی تصحیح کرتے، مدینہ منورہ کے شیخ عبد الحق، یوگوسلاویہ کے شیخ رجب اور ترکی کے محمد علی کی رہنمائی میں ان حلقوں کا آغاز ہوا، شیخ عبد الحق کی معیت میں مجھے اپنی قرأت پر توجہ دینے کا خاص موقع ہاتھ آیا، جس کے لیے میں ہمیشہ ان کا شکر گزار ہوں گا۔

میرے ذمہ حدیث و فقہ اور ادیان کے مطالعہ کے اسباق تھے جو ظہر تک تمام ہو جاتے تھے اور پھر باقی وقت قیلولہ، نمازِ عصر کے بعد کی چہل قدمی اور بعد از مغرب کے

روزانہ ایک لیکچر سننے یا سنانے میں صرف ہو جاتا۔

اگلے جمعہ کی شام سے مجھے اپنے کمرے میں ہندوستان کے ایک معروف عربی دان، ندوۃ العلما (لکھنؤ) سے وابستہ شخصیت جناب سعید الاعظمی کی رفاقت حاصل رہی جن سے قلمی تعارف، تو بہت پرانا تھا کہ وہ ندوہ کے عربی مجلے (البعث الاسلامی) کے ایڈیٹر تھے اور میں اپنے عربی مقالات کی وساطت سے گاہے بگاہے انہیں سلام کرنے کی سعادت حاصل کرتا رہتا تھا، اب اُن کی صحبت بھی حاصل ہو گئی۔

جمعہ کی شام مغرب کی نماز ہم نے سووا کے مضافات میں (Noua) نامی گاؤں کی ایک مسجد میں پڑھی۔ یہاں ایک عجیب نظارہ دیکھا۔ بطور تمہید عرض کرتا ہوں کہ بنی اسرائیل پر بھیجے گئے عذابوں میں ایک عذاب مینڈک کی کثرت کا بھی تھا، یہاں اُسے اپنی آنکھوں سے دیکھ لیا۔ مسجد کے باہر وضو خانہ میں اس عالم میں وضو کیا کہ چاروں طرف مینڈک ہی مینڈک تھے، مسجد کے صحن میں پھونک پھونک کر قدم رکھا کہ کہیں کوئی ذات شریف پیر تلے کچلی نہ جائے۔ نماز کے مختصر ہال کے دروازے کو کھولنے کے لیے ہاتھ کی صفائی اور ٹانگوں کی پھرتی دونوں درکار تھیں تاکہ اللہ کی یہ پھدکتی مخلوق ہماری نماز میں خلل انداز نہ ہو۔ ہمارے یومیہ پروگرام میں شام کے لیکچر شامل تھے۔ قاری عبدالحق نے قرآن کی فضیلت پر تقریر کرتے ہوئے اللہ تعالیٰ کی طرف سے حفاظتِ قرآن کے ضمن میں مندرجہ ذیل واقعہ سنایا۔

ایک دفعہ ایک یہودی عالم نے منصوبہ بنایا کہ کیوں نہ قرآن کے نسخوں میں ردّ و بدل کر کے انہیں اہلِ اسلام میں پھیلا دیا جائے تاکہ مسلمان بھی اپنی الہامی کتاب کے بارے میں شکوک و شبہات کا شکار ہو جائیں، لیکن ایک واقعہ نے اُس کی آنکھیں کھول دیں اور وہ اپنے مذموم ارادے سے باز آ گیا۔ ہوا یہ کہ ایک دن وہ ایک مسلمان سبزی

فروش کی دکان میں داخل ہوا۔ اُس کا ایک چھوٹا بچہ فرش پر بیٹھا باپ کو قرآن سنا رہا تھا۔ باپ بھی حافظ تھا اور وہ گاہکوں کے ساتھ لین دین کرتے کرتے بچے کا سبق بھی سنتا جاتا اور جہاں کہیں زیر زبر کی بھی غلطی ہوتی، تو فوراً ٹوک دیتا۔ بغداد کے اس یہودی عالم نے سوچا کہ جس معاشرے میں قرآن کے زیر زبر کی غلطی کو بھی فوراً پہچان لیا جاتا ہے وہاں ایک تحریف شدہ قرآن کیسے پنپ سکتا ہے!!

بعض ہندوستانی اجتماعات میں مجھے بطورِ خاص خطاب دعوت دی گئی جس میں 'سووا' سے چھ میل دور 'ناندیرا' کی تقریر شامل ہے جہاں خواتین نے پردے کے پیچھے کثیر تعداد میں شرکت کی۔

ایک شام ساؤتھ پیسیفک یونیورسٹی (سووا) کی اسلامک سوسائٹی نے شیخ عبد العزیز المسند اور کئی دوسرے اساتذہ کو خطاب کے لیے بلایا۔ ایک بڑے تھیٹر نما ہال میں طلبہ و طالبات کی قلیل تعداد موجود تھی، شیخ کی طبیعت خطاب پر آمادہ نہ ہوئی۔ مجھ سے کچھ بیان کرنے کو کہا جو میں نے موقع کی مناسبت سے عرض کر دیا اور جسے پسندیدگی کی نگاہ سے دیکھا گیا۔ شیخ ہی کے دفتر میں دو ہندو معلمات انٹرویو کے لیے آئیں۔ وہ کچھ ایسے سوالات کے جوابات کی متلاشی تھیں جو پرائمری اسکول کے طلبہ و طالبات کے لیے موزوں ہوں، اسی طرح ریڈیو 'سووا' نے سوال و جواب کی شکل میں میرے ساتھ ایک پروگرام نشر کیا۔

آسٹریلیا کے ڈاکٹر محمود خان پروگرام کے شرکا میں سے تھے، انھوں نے اپنے ایک لیکچر میں (فی ظلمات ثلاث) کی تشریح کرتے ہوئے طبی تحقیق کی روشنی میں اُن اطوار کو بیان کیا جن سے ایک جنین اپنی ماں کے پیٹ میں سے گزرتا ہے اور جنہیں قرآنی آیت میں (تین تاریکیوں) سے تعبیر کیا گیا ہے۔

نو مارچ کا جمعہ ہمارے لیے نئی زمین اور نئے آسمان کا منتظر تھا!

شیخ کی معیت میں ہم کوئی گیارہ افراد ایک دخانی کشتی میں سوار ہوئے جو ایک گھنٹہ کی مسافت پر ہمیں جزیرہ 'نکلاؤ' (Nukulao) لے جانے کے لیے ہمارے ہوٹل کے عقب میں موجود تھی۔ ہوٹل سے وہ 'سووا' کی بندر گاہ کی خبر لائی، جہاں آسٹریلیا کے سیاحوں کا ایک بے ہنگم گروپ اسی کشتی کا منتظر تھا۔ خیال رہے کہ ہم کرۂ ارض کے جنوب میں ہونے کی وجہ سے موسم گرما کے مزے لے رہے تھے اور غالباً ان آسٹریلوی سیاحوں کے لیے بحر الکاہل کا یہ گرم لیکن خوشگوار موسم، صاف شفاف پانیوں میں اُچھلنے کودنے کا بہترین موقع فراہم کر رہا تھا۔ ہمیں فیجی کے نائب وزیر اعظم کے تن جاناں پر مختصر لباس کا ہونا عجب لگا تھا، لیکن یہاں نوجوان مرد اور عورتیں انہیں مات کرتے نظر آرہے تھے اور پھر طبلے کی تھاپ اور فیجی گلوکاروں کے ساز و مضراب پر جو دھما چوکڑی شروع ہوئی، تو 'نکولاؤ' تک یہ حال تھا کہ وہ کہے جائیں اور ہم دیکھے جائیں۔ ایک مقام ایسا آیا کہ کیپٹن نے کشتی کے درمیانی حصہ سے حجاب اُٹھایا، تو کشتی کی تہ میں ملکہ سبأ کے شیشہ نما فرش کا عکس دکھائی دیا اور اس شیشے تلے ایک میلہ لگا تھا، اُن رنگ برنگی، ہر نوع اور سائز کی مچھلیوں کا جو آبی پودوں، جھاڑیوں اور سمندری ٹیلوں سے ٹکراتی، منہ موڑتی، غوطہ لگاتی، پیہم حرکت کرتی نظر آتیں۔ خود یہ آبی نباتات بھی اپنی کلکاریوں، حسین پیکروں اور خوشنما چھتریوں سے سمندر کی تہ کو اس طرح سجائے ہوئے تھے، جیسے اندھیری رات میں تاروں بھرا آسمان، تبارک اللہ احسن الخالقین۔ یہاں سے کشتی نے ایک زقند لگائی، تو ہم اس چھوٹے سے جزیرے کے ساحل کو چھو رہے تھے جو کسی زمانے میں ہندوستان سے آنے والے مزدوروں کی فوج ظفر موج کو قرنطینہ کی غرض سے رکھے جانے کا پہلا پڑاؤ تھا، ہم تو ٹھہرے سیلانی، ایک ساتھی کو لے کر پہلے پورے جزیرے کا ایک طواف کر ڈالا جو بیس منٹ میں مکمل ہو گیا۔ واپس پہنچے، تو دیکھا کہ مقامی فیجی مرد عورتوں کی طرف سے ہم

مہمانوں کی آمد کی خوشی میں ایک استقبالیہ دیا جا رہا ہے جو چند کرتبوں اور اُٹھک بیٹھک پر مشتمل تھا۔ پھر ایک حلقہ بنا کر بیٹھے، تو سوکھے ناریل سے بنے پیالے میں انہوں نے اپنا قومی مشروب چکھنے کے لیے دیا جو یگونا یانگونا کہلاتا ہے، بالکل ایسے ہی جیسے عرب حضرات اپنے مہمانوں کو قہوہ پیش کرتے ہیں۔ نگونا ہماری زبان اور ذائقہ جیتنے میں ناکام رہا، لیکن ہم نے اپنی زبان کا بھرم رکھا اور سر کی خفیف حرکت سے اپنی پسندیدگی کا اظہار کیا۔ اب اُن کے عوامی رقص کا دور چلا جبکہ ہم ساحل کے قریب اُتھلے پانی میں بحر الکاہل کی گرم موجوں کے لمس سے محظوظ ہوتے رہے۔

جمعہ کا وقت ہو چلا تھا۔ شیخ عبد العزیز المسند نے نمازِ جمعہ پڑھائی اور پھر اُن کے کہنے پر وہاں موجود فیجی حضرات کو اسلام کے بنیادی ارکان اور نماز کے بارے میں بتایا۔ سیاحوں سے لدی ہوئی ایک دوسری کشتی ہمیں لینے کے لیے پہنچی، واپسی کا سفر ایک گھنٹے میں طے ہوا اور ہمارا سفر اس عالم میں کٹا کہ طبلہ نوازوں، راگ کی دھن پر کشتی کا فرش زیر و زبر کرنے والوں اور ہوہا کے شور سے زمین آسمان ایک کرنے والے تماش بینوں کو ہم حیرت سے دیکھتے تھے اور یہ سوچتے رہ جاتے تھے کہ اگر یہ سفر نہ کیا ہوتا، تو اہلِ مغرب کی زندگی کے اس پہلو کا ذاتی مشاہدہ کہاں ہوتا؟

۱۱/مارچ اتوار کی شام برادرم واجد علی اور شیخ عبد السلام رحمانی ہمیں 'سووا' سے تیس میل کے فاصلے پر ناستری (Natsiri) گاؤں میں جماعت اہلِ حدیث کی پہلی مسجد کی زیارت کے لیے لے گئے۔ یہ مسجد رِوا (RIWA) نہر کے کنارے واقع ہے۔ دونوں طرف ہریالی سے پٹے میدان ہیں۔ شام کی ٹھنڈی ہوا، نہر کا بہتا ہوا پر سکون پانی، تا حدِ نگاہ مرغزار، دنیا میں ہی جنت کا نظارہ پیش کرتا ہے۔

اس شام کا لطف یہ سطور تحریر کرتے وقت عود کرتا معلوم دیا۔

فیجی کے فاصلے کا اندازہ یوں کیجیے کہ مشرق سے جائیں، تو مکہ مکرمہ سے ساڑھے تیرہ ہزار میل اور ہندوستان سے ساڑھے دس ہزار میل پڑتا ہے اور مغرب سے جائیں، تو لندن سے پندرہ ہزار میل کا فاصلہ ہے، میری مراد مشرقی اور مغربی ممالک ہیں۔ جس طرح لندن کو صفر درجہ طول بلد مانا گیا ہے، ویسے ہی چاہے لندن سے مشرق میں جائیں یا مغرب میں، یہ خیالی خطوط دنیا کو کاٹتے ہوئے بڑھتے چلے جائیں گے اور پھر بحر الکاہل میں ۱۸۰ درجہ پر دوبارہ ملیں گے، فیجی کے جزیرے 'تیونی' (Taveuni) سے خط تاریخ (Date line) گزرتا ہے کہ جسے پار کرنے والا نئے دن میں داخل ہوتا ہے۔ اس لیے یہ کہنا بجا ہے کہ نئے دن کا سورج سب سے پہلے فیجی میں طلوع ہوتا ہے اور اسی لیے 'فیجی ٹائمز' کی پیشانی پر ہمیشہ یہ عبارت نمایاں ہوتی ہے:

آج شائع ہونے والا دنیا کا سب سے پہلا اخبار۔

فیجی تین سو بیس جزائر پر محیط ہے، جن میں صرف نوے جزائر آباد ہیں۔ کل رقبہ ۷۰۰ ۲ مربع میل بنتا ہے، لیکن سمندری پانیوں کو ملا کر یہی رقبہ دس گنا ہو جاتا ہے، جس کا فائدہ زیادہ تر ماہی گیروں کو ہوتا ہے، لیکن حکومتی عملداری کی شان بھی بڑھ جاتی ہے، سب سے بڑا جزیرہ 'وٹی لیو' (VitiLevu) یعنی فیجی کبیر ہے کہ جہاں راجدھانی سووا اور ہوائی اڈے ناندی واقع ہیں، دوسرے نمبر پر 'ونوالوو' (Vanua Levu) اور پھر تیونی (Taveuni) اور کدوا (Kadua) آتے ہیں۔ مؤرخین کا کہنا ہے کہ پچیس ہزار سال قبل بحر الکاہل کے دوسرے جزائر جیسے پاپوانیو گنی، سلومن، انڈونیشا اور آسٹریلیا سے لوگ اپنی خستہ حال کشتیوں میں بہتے بہاتے یہاں آباد ہوتے گئے۔ یہ لوگ اپنے گندمی رنگ، مضبوط جسم اور عادات و خصائل کے اعتبار سے برازیل کے قدیم لوگوں سے مشابہ معلوم ہوتے ہیں۔

معلوم تاریخ کا آغاز ۱۸۳۰ء سے ہوتا ہے جب لندن سے دو پادری عیسائیت کی تبلیغ کے لیے 'لیکمبا' پہنچے، لیکن انہیں کچھ کامیابی حاصل نہ ہوئی۔ پانچ سال بعد دو اور پادریوں نے بڑی ہمت دکھائی، وحشی قبائل کی درندہ صفت خصلتوں کی بھی پروانہ کی۔ مقامی زبان سیکھ کر خدا اور یسوع مسیح کا نعرہ لگاتے رہے، لیکن ان میں سے ایک پادری آدم خور قبیلے کے ہتھے چڑھ گیا۔ وحشی خدا اور مسیح سے زیادہ اس کے گورے رنگ اور فربہ جسم کو للچائی ہوئی نظروں سے دیکھ رہے تھے اور پھر اُسے ہلاک کرنے کے بعد جو اس کی تکا بوٹی کی ہے، تو جوتوں تک کو نہ چھوڑا، لیکن اس کی قربانی بہر حال رنگ لائی۔ اب وہاں کی ساری قدیم آبادی جو کاویتی کہلاتی ہے عیسائیت کی حلقہ بگوش ہے، اس عرصہ میں کچھ امریکن بھی ایک فیجی سردار کی درخواست پر 'نوکولاؤ' میں آباد ہوئے، کافی طاقت اور جمعیت فراہم کر لی۔ ایک موقع پر ایک امریکی سردار جون ولیم اپنے نئے مکان کی تعمیر کے بعد جشن منا رہا تھا کہ مقامی لوگوں نے اُسے آگ لگا دی۔ فریقین میں سخت جھگڑا ہوا۔ کچھ امریکی مارے بھی گئے اور پھر جون ولیم کی انگیخت پر امریکی حکومت نے مقامی سردار سے پانچ ہزار ڈالر کے تاوان کا مطالبہ کیا جس کی ادائی کے لیے دو سال کی مہلت دی گئی۔ یہ رقم ایک سال بعد مع سود پینتالیس ہزار کر دی گئی۔ فیجی سردار نے حکومتِ برطانیہ سے درخواست کی کہ اگر وہ یہ رقم ادا کر دے، تو اُسے فیجی کے بر و بحر کے بلا شرکت غیرے مالکانہ حقوق حاصل ہو جائیں گے۔ سرزمین فیجی کے زرخیز اور بار آور ہونے کے بارے میں حکومتِ برطانیہ نے پہلے تحقیق کروائی اور بالآخر ۱۸۷۳ء میں فیجی کے ساتھ ایک معاہدہ طے پا گیا۔ اس وقت تک تاوان کی رقم ستاسی ہزار ڈالر تک جا پہنچی تھی۔

برطانوی کالونی بننے کے بعد انگریزوں نے فیجی میں گنے کی کاشت کے لیے کئی قوموں کو آزمایا، لیکن قرعہ فال شمالی ہندوستان کے کسانوں کے نام پڑا، جنہیں بڑے سبز

باغ دکھا کر فیجی آنے پر آمادہ کیا گیا۔ اگر انہیں اپنی زمینوں پر روزانہ دو پیسے یا ایک آنہ مزدوری ملتی تھی، تو یہاں بارہ آنے روزانہ کا جھانسا دیا گیا اور یوں مئی ۱۸۷۹ء میں ہندوستانی مزدوروں کا پہلا قافلہ ایک ڈیڑھ ماہ کے طویل سمندری سفر کے بعد فیجی پہنچا جس میں ۴۶۸ ہندوستانی تھے۔ اور پھر یہ سلسلہ دراز ہوتا گیا۔ ۱۹۱۷ء تک چالیس بحری جہازوں کے توسط سے کُل ۶۵۹۰۶ ہندوستانی فیجی وارد ہوئے، جن میں اکثر کا تعلق شمالی ہند اور خاص طور پر گونڈہ کے اضلاع سے تھا۔ ان میں مسلمانوں کی تعداد سات ہزار تھی۔ ان مزدوروں کو انتہائی مشقت سے کام کرنا پڑتا تھا۔ رہائش کے لیے ٹین کی چھتوں والے ایسے مکانات دیے گئے جس میں اجتماعی سکونت ہوتی تھی۔ مزدوری آدھی سے بھی کم دی گئی۔ ہر شخص کے لیے ملازمت کی شرائط کے مطابق پانچ یا دس سال کا عرصہ وہاں گزارنا لازمی تھا اور یہی وجہ ہوئی کہ ان میں سے بہت سے لوگ بجائے وطن واپس جانے کے وہیں آباد ہو گئے۔

بہر حال ان کی حالتِ زار پر ہندوستان میں کافی ہنگامہ ہوا، تو ۱۹۱۷ء میں یہ سلسلہ موقوف کر دیا گیا۔ انگریز بھی تقریباً سو سال بعد یعنی ۱۹۷۰ء میں یہاں سے رخصت ہو گئے۔ ۱۹۸۵ء میں کل آبادی سات لاکھ سے متجاوز تھی جس میں ہندوستانی ۴۸٫۶ فیصد، کاویتی ۴۶٫۳ فیصد تھے یعنی ہندوستانیوں کی اکثریت تھی اور سیاست میں اُن کا خوب عمل دخل تھا، لیکن فوجی انقلاب آنے کے بعد ہندوستانیوں پر عرصۂ حیات تنگ کرنے کا سلسلہ شروع ہو گیا جس کی وجہ سے لوگ آسٹریلیا اور نیوزی لینڈ ہجرت کرنے پر مجبور ہیں۔

اب کچھ فیجی کی زمین اور موسم کا بھی تذکرہ ہو جائے۔ بارش اس کثرت سے اور اس زور سے ہوتی ہے کہ کسی استوائی خطے کا گمان ہوتا ہے اور یہی وجہ ہے کہ یہاں گنا خوب

پھلتا اور پھولتا ہے کیونکہ اگر ایک ماہ بھی بارش دم سادھ لے، تو گنا خشک ہو جائے اور شکر کی فیکٹریاں بند ہو جائیں۔ اور پھر موسمِ گرما (یعنی جنوری تا مارچ) میں بحر الکاہل سے اُٹھنے والے طوفان فیجی کے ساحلوں ، بستیوں اور پہاڑوں سے ایسے ٹکراتے ہیں کہ الامان والحفیظ، ٹین کی چھتیں اُڑ اُڑ کر لوگوں کے گلے کاٹتی یا زخم لگاتی جاتی ہیں۔ مولانا عبد السلام لکھتے ہیں کہ ایک دفعہ ایسے ہی ایک گھروندے میں اُنیس آدمی پناہ لیے ہوئے تھے اور گرد باد کے اس طوفان نے سارے کمرے کو اپنے مکینوں سمیت کہیں کا کہیں پھینک دیا۔ خیریت رہی کہ ان لوگوں کی جان بچ گئی۔ زخم کھانا بہر حال ضروری ٹھہرا۔

فیجی میں عام مویشی تو پائے جاتے ہیں، لیکن بھینس اور گدھے کا وجود نہیں۔ سارے جزائر میں درندہ نام کی بھی کوئی چیز نہیں۔ لوگ ہاتھی، شیر ، چیتا، بھیڑیا، بندر، ریچھ، سانپ، بچھو، چیل، کوّے اور گدھ کو تصویروں سے پہچانتے ہوں گے، کبھی مشاہدہ نہ کیا ہو گا۔ گویا آپ وہاں جنگل میں بلا تکلف منگل کا سماں پیدا کر سکتے ہیں کہ کسی بلا کا خوف نہیں۔

اب چند باتیں کیپٹن بھگوان سنگھ کی کتاب 'یادوں کا اُجالا' سے بھی نقل کیے دیتا ہوں کہ یہ کتاب مجھے لندن کی ایک لائبریری سے ہاتھ لگی تھی اور اُن کے ایام فیجی کی یاد داشتوں پر مشتمل تھی۔ لکھتے ہیں کہ اس دیس کے باشندے سو برس سے پہلے بلکہ اس سے بھی کم عرصہ ہوا، آدم خور تھے، وہ ایسی غیر انسانی رسموں کے شکار تھے کہ ہر زمیندار کے گھر کے اطراف اور گوشوں کے ستونوں کے نیچے چار افراد زندہ گاڑ دیا کرتے تھے، لیکن آج اسی قوم میں قتل اور خون ریزی کے واقعات ناپید ہیں، فیجی کی ہندوستانی آبادی نے وہاں ہندی روشناس کرائی۔ انگریزی کے اختلاط سے نئے نئے الفاظ متعارف ہوئے۔ اُردو کے 'اُوں' کی جگہ 'ایں' یہاں کے لیے 'ایہاں' اور وہاں کے لیے 'اوہاں' بولتے ہیں۔

لکھتے ہیں "فیجی کی ہندی جو عوامی زبان بن گئی ہے اس میں برج بھوج پوری، انگریزی

وغیرہ کئی زبانوں کے الفاظ رائج ہیں، ہمارے دیس میں بھی ہندی میں ریل، پلیٹ فارم، ٹکٹ وغیرہ لفظ جوں کے توں کام میں لائے جاتے ہیں، یہی نہیں دوسری زبانوں کے الفاظ بھی ہندی میں اچھی طرح چلتے ہیں جیسے کہ بالٹی جو پرتگیزی زبان کا لفظ ہے، ہندی میں اچھی طرح رائج ہے۔ مٹھائیوں میں کئی نام مثلاً برفی، بالوشاہی وغیرہ اصلاً ہندی کے نہیں مگر استعمال ہوتے ہوتے ہندی بن گئے ہیں۔ یہی بات فیجی کی ہندی میں تسلیم کی جانی چاہیے، کون سا کے لیے 'کون لا' اور سوپ پاؤڈر کے لیے سوپ پاؤڈری مستعمل ہے۔"

فیجی ایک نظر میں

دارالحکومت سووا (Suva)

نظامِ حکومت غیر منتخب شدہ سول حکومت جس کا سربراہ فوجی حکمران ہے

صدر راٹو جوزیفا ایلیو (Ratu Josefa Iloilo)

وزیر اعظم کمانڈر جوزائیہ وورک (Josaia Voreqe)

یوم آزادی برطانیہ سے ۱۰/اکتوبر ۱۹۷۰ء

رقبہ ۱۸۲۷۰ مربع کلومیٹر

آبادی ۹۴۴۷۲۰ نفوس

کرنسی فیجی ڈالر

زبان فیجی، ہندوستانی (اُردو)، انگریزی

خواندگی کا تناسب ۸۰ تا ۹۰ فیصد

(۳) کافر کوٹ کے کھنڈر

الحاج ایم زمان کھوکھر (ایڈووکیٹ)

ماضی میں وسطی ایشیا سے تجارتی قافلے اور جنگجو حملہ آور درہ گومل کے راستے بر صغیر میں داخل ہوتے رہے۔ ڈیرہ اسماعیل خان کے قریب دریائے سندھ کے کنارے یہ لوگ پڑاؤ ڈالتے۔ دریائے سندھ ہی کے ذریعے تجارتی مال کشتیوں کے ذریعے مختلف اطراف روانہ کیا جاتا۔ دریائے سندھ عبور کرنے کے بعد ان تجارتی قافلوں اور جنگجو حملہ آوروں کی اگلی منزل ملتان ہوا کرتی تھی۔ ملتان کے بعد پاکپتن، دیپال پور، لاہور اور دہلی کا رخ کیا جاتا۔ عموماً ملتان کے قریب ہی ان حملہ آوروں کو روک دیا جاتا۔

دریائے سندھ کا بیشتر حصہ پہاڑوں کے دامن میں ہے۔ ان پہاڑیوں کی چوٹیوں پر دریائے سندھ کے کنارے قدیمی قلعے، عبادت گاہیں اور تباہ شدہ بستیوں کے آثار ملتے ہیں۔ ایسے ہی آثار ڈیرہ اسماعیل خاں شہر سے ۹۳/ میل شمال کی طرف خیسور پہاڑ کی چوٹی پر جو کافر کوٹ کے نام سے مشہور ہے، واقع ہیں۔ یہاں سے چند میل کے فاصلے پر دریائے کرم اور سندھ آپس میں ملتے ہیں۔ کسی زمانے میں دریائے سندھ کافر کوٹ کے پہاڑوں کے نیچے بہتا تھا۔ جس پہاڑ پر یہ کھنڈر ہیں اس کے مشرق کی جانب آبی گزر گاہ ہے۔ آج کافر کوٹ کے تباہ شدہ کھنڈر کو نوکیلے تراشیدہ پتھروں اور خاردار جھاڑیوں نے لپیٹ میں لے رکھا ہے۔ پہاڑوں کی چوٹی پر ہونے کی وجہ سے یہ آثارِ قدیمہ ابھی تک محفوظ ہیں۔ ہر طرف خاموشی ہی خاموشی ہے۔ دانش ور محمد شریف کے مطابق مسلمان

اس قلعہ کو کافر کوٹ کے نام سے پکارتے ہیں جبکہ ہندو اسے راجہ بل کا قلعہ کہتے تھے۔

ان مندروں کی تعداد سات کے لگ بھگ ہے۔ خوبصورت تراشیدہ پتھروں سے تعمیر کیے گئے یہ مندر ماضی میں بہت خوبصورت شاندار تھے جو عظمت رفتہ کی شہادت دیتے ہیں۔ قدیمی دور کے یہ محل اور مندر راجہ بل نے تعمیر کروائے تھے۔ اسی سلسلے کا ایک قلعہ 'نند' ایک دشوار گزار پہاڑی علاقے میں واقع ہے۔

سلطان محمود غزنوی نے اپنے دسویں حملہ میں راجہ نند پال کو شکست دی تھی۔ قیاس یہی ہے کہ کافر کوٹ کا قلعہ اور مندر بھی سلطان محمود غزنوی کے ہاتھوں برباد ہوئے۔ کافر کوٹ کے قلعہ کے اندر پانی کا تالاب بھی تھا بارش کا پانی تالاب میں اکٹھا ہو جاتا تھا۔ تالاب کے گردونواح پوجا پاٹ کے لیے مندر بھی تھے۔ محلات اور فصیل کے آثار آج بھی موجود ہیں۔ بڑا مندر بائیں ہاتھ پر ہے، درمیان میں راستہ ہے جو بڑی عمارت کا حصہ ہیں۔ جیل خانے کے آثار بھی پائے جاتے ہیں۔ کافر کوٹ کے کھنڈرات کے تین اطراف بلند وبالا پہاڑ اور گہری کھائیاں ہیں جبکہ مشرق کی طرف آبی گزر گاہ ہے۔ ماضی میں قلعے یا حکمرانوں کے محل پہاڑوں پر تعمیر کیے جاتے تاکہ وہ دشمنوں اور حملہ آوروں سے محفوظ رہ سکیں۔ کافر کوٹ کے مندروں کی چہار اطراف ماہر کاریگروں نے خوبصورت ڈیزائن بنائے ہیں۔ مورتیوں اور روشنی کے لیے طاقچے بھی بنائے گئے ہیں۔ پہاڑی پر چڑھنے کے لیے پرانے زمانے کی ایک سڑک کے آثار پائے جاتے ہیں۔ چار بڑے تین چھوٹے یہ مندر چونے کے مقامی پتھر کنجور کی آمیزش سے بنائے گئے ہیں۔ موسم یا بارش کا اثر ان پتھروں پر نہیں ہوتا۔ یہ مندر مخروطی شکل کے ہیں۔ ان کی بیرونی سطح کچھ زیادہ مزیّن ہے۔ یہ آرائش بہت پیچیدہ اور باریک ہے جس پر سورج مکھی کے پھول بنے ہوئے ہیں۔ یہ تمام مندر تباہ شدہ قلعے کے اندر ہیں۔ یہ قلعہ دفاعی لحاظ سے محفوظ مقام پر بنایا گیا ہے۔

کافر کوٹ شہر کے ارد گرد پتھر کی مضبوط فصیل تھی جس میں حفاظتی مورچے بنائے گئے تھے۔ کہا جاتا ہے کہ یہاں ہندو راجہ بل کی حکومت تھی جس کا پایہ تخت بلوٹ تھا۔ اسے بل کوٹ یا بلوٹ کہا جاتا ہے۔ بل کا چھوٹا بھائی ٹل اوٹ کا بانی تھا۔ تیسرا بھائی اکلوٹ تھا جو بنوں کے نزدیک واقع آکرہ کا بانی تھا۔ آکرہ کا شہر سرسبز و شاداب اور خوشحال تھا جو سلطان محمود غزنوی کے ہاتھوں تباہ ہوا۔ آج ضرورت اس امر کی ہے کہ محکمہ آثارِ قدیمہ کافر کوٹ کے کھنڈرات پر خصوصی توجہ دے، ان تباہ شدہ قلعوں کے اسرار سے پردہ اٹھائے، ان پر تحقیق کر کے نئی نسل کو پرانے تہذیب و تمدن سے آشنا کرائے۔ وہ تہذیبیں جنہیں عالی شان محلات اور عظیم الشان قلعوں پر ناز تھا آج سب کی سب ڈھیر ہو چکی ہیں، جہاں کبھی زندگی اپنی ساری آسائشوں اور زیبائشوں کے ساتھ محوِ رقص تھی آج وہاں خاک اُڑ رہی ہے۔ یہی حالت پوٹھوار کے علاقہ میں قلعہ دان گلی، قلعہ پھروالہ، قلعہ سنگھی، قلعہ روات کے علاوہ کوہستان نمک کے علاقے میں قلعہ کسک، ملوٹ، راج کٹاس، شیو گنگا اور ماڑی کے مندروں کی ہے۔ ان تاریخی قدیم عمارتوں پر محکمہ آثارِ قدیمہ خصوصی توجہ دے۔

(۴) آلو کھا کر آنسو جھیل دیکھیے

پیر عارف اللہ شاہ

۲۰۰۶ء میں ہمارا آنسو جھیل دیکھنے کا پروگرام بنا، مگر بالاکوٹ سے اوپر کی سڑکیں بری طرح خراب اور بند تھیں اس لیے شدید خواہش کے باوجود پروگرام کو اگلے سال یعنی ۲۰۰۷ء تک ملتوی کرنا پڑا۔ گیارہ جون ۲۰۰۷ء کو رات آٹھ بجے پروگرام کے روح رواں فخر عالم نے اچانک آ کر اطلاع دی کہ صبح سفر پر نکلنا ہے۔ میں پریشان ہو گیا کہ ایک رات میں کیسے تیاری کر سکوں گا۔ ہنگامی تیاری میں میں نے سارا زور گرم لباس پر لگا دیا۔ فیصلہ یہ ہوا تھا کہ چونکہ پہاڑوں کا پیدل سفر ہے اس لیے صرف 'دیوانوں' کو ہی ساتھ لیا جایا تاکہ پروگرام میں خرابی نہ آئے۔ چنانچہ کلیم، فخر عالم، مشتاق اور میں تیار ہو گئے۔ ۱۲/ جون کو پشاور سے سات بجے روانہ ہونے والی گاڑی نے ہمیں چار گھنٹے میں مانسہرہ پہنچا دیا۔ وہاں کھانا کھایا اور مہانڈری جانے والی گاڑی پر بیٹھ گئے۔ تین گھنٹے میں مہانڈری پہنچ گئے۔ واضح رہے کہ مانسہرہ سے فقط ایک گھنٹے کی مسافت پر بالاکوٹ شہر ہے۔ گاڑی یہاں کچھ سواریاں اتار کر اور کچھ کو بٹھا کر آگے چل دی۔ بالاکوٹ سے بڑی بڑی چڑھائیاں چڑھ کر گاڑی ایک ٹھنڈے یخ چشمے پر رکی جو گاڑیوں کے لیے ستانے کی جگہ ہے۔ یہاں گاڑی سے نکل کر اندازہ ہو گیا کہ ہم گرمی کی شدت والے علاقے سے نکل آئے ہیں۔

آنسو جھیل تک چار راستے جاتے ہیں۔

(ا)مہانڈری سے آنسو جھیل اور دوسری طرف سے اتر کر جھیل سیف الملوک سے ہوتے ہوئے ناران شہر۔

(ب)ناران سے جھیل سیف الملوک اور پھر آنسو جھیل اور دوسری طرف سے اتر کر مہانڈری۔

(ج) ناران اور جھیل سیف الملوک سے ہوتے ہوئے آنسو جھیل اور پھر واپس جھیل سیف الملوک اور پھر ناران۔

(د)مہانڈری سے آنسو جھیل اور واپس پھر مہانڈری۔

ہم نے پہلے والے طریقے کا انتخاب کیا یعنی آنسو جھیل اور پھر دوسری طرف سے اتر کر جھیل سیف الملوک سے ہوتے ہوئے ناران شہر پہنچے۔ ہم نے مہانڈری سے پہاڑی جیپ کرائے پر حاصل کی اور روانہ ہو گئے۔ پہاڑی علاقوں کے دکاندار اِن جیپوں پر بے تحاشا سامان چڑھا دیتے ہیں اور خود پرندوں کی طرح جیپ کے سلاخوں والے ڈھانچے کے اوپر بیٹھ جاتے ہیں۔ یہ منظر دیکھ کر میرے تو رونگٹے کھڑے ہو گئے اور تو اور جیپ نے مہانڈری سے یک دم پہاڑوں پر چڑھنا شروع کیا مگر ان لوگوں کو گرنے کا خوف ہی نہ تھا۔ پرندوں کی طرح آپس میں بول رہے تھے کہ جیسے اللہ نہ کرے جیپ کے گرنے کی صورت میں سب اڑ جائیں گے۔ انتہائی خطرناک راستوں پر چلتے ہوئے ڈیڑھ گھنٹہ بعد ایک پہاڑی درے میں جیپ رک گئی۔ پوچھنے پر معلوم ہوا یہ آخری منزل ہے۔ پہاڑی درے میں خالص لکڑی کا بنا ہوا دو منزلہ خریداری مرکز اور ساتھ میں بہتے پانی کا خوبصورت شور۔ مغرب کی قضا ہوتی ہوئی نماز کے واسطے جونہی وضو کے لیے پانی میں ہاتھ ڈالا تو جیسے برقی رو کا جھٹکا لگا۔ بے تحاشا ٹھنڈا پانی، وضو پورا ہی نہیں ہو رہا تھا۔ صلاح

مشورے کے بعد دوسری منزل پر واقع لکڑی کے بنے بڑے کمرے جیسے ہوٹل میں رات گزارنا طے پایا۔ مہانڈری میں اور جیپ میں لوگوں سے آنسو جھیل کے بارے معلومات لیتے رہے مگر گھر کی مرغی دال برابر کے مصداق کسی نے بھی ابھی تک وہاں جانے کی زحمت گوارا نہیں کی تھی، البتہ راستے کا علم سب کو تھا۔

صبح سویرے ہی سامان سے بھرے اپنے تھیلے اٹھا کر پیدل ہی چل پڑے کہ آگے کا راستہ صرف پیدل مسافت کے لیے ہی موزوں تھا۔ ایک گھنٹے میں پہاڑی سے ریوڑی پہنچے اور وہاں واقع ریوڑی آرام گھر چلے گئے۔ آرام گھر کا ملازم خوش اخلاقی سے پیش آیا۔ اس نے چائے، پراٹھے اور آلو کے قتلے بنا دیئے اور ہم نے ناشتا کیا۔ اس پورے علاقے کی قابل ذکر بات یہ ہے کہ یہاں کے لوگ انتہائی شریف اور تعاون کرنے والے ہیں۔ یہاں چاروں طرف دور دور تک بیش بہا سبزہ و گھاس اور اونچے اونچے درختوں کے جنگل ہیں۔ ہم نے خوب تصاویر بنائیں۔ آرام گھر کے ملازم کے مشورے سے یہاں سے ایک شخص کو راہبر کے طور پر ساتھ لیا کیونکہ آگے راستہ ختم ہونے سے بھٹکنے کا خطرہ ہوتا ہے۔ راہبر کو صرف آنسو جھیل تک کے لیے لیا گیا۔ آنسو جھیل سے جھیل سیف الملوک تک کا راستہ فخر عالم اور مشتاق کو معلوم تھا کیونکہ وہ پہلے بھی اس طرف سے چڑھے تھے مگر جھیل کو دھند کی وجہ سے دیکھ نہ سکے تھے۔ ایک غلطی کا ہمیں ریوڑی میں شدت سے احساس ہوا اور آنسو جھیل پر اس کا خمیازہ بھگتنا پڑا۔ وہ یہ کہ مہانڈری میں میرے اصرار کے باوجود کھانے پینے کی اشیا کی خریداری اگلی منزل تک ملتوی کر دی گئی۔ مجھے پہاڑی علاقوں میں گھومنے پھرنے کے تجربے کی وجہ سے یہ احساس کھائے جا رہا تھا کہ آگے اس طرح کا بازار نہیں ہوگا مگر میں چپ ہو گیا کہ خفگی پیدا نہ ہو۔ پہاڑی سے یہ سوچ کر نکلے کہ

آگے چل کر خریداری کریں گے مگر ریوڑی میں کچھ تھا ہی نہیں۔ پراٹھے اور آلو کے قتلے ساتھ رکھ لیے۔ دوبارہ پیچھے جا کر بہاڑی سے خریداری کرنے کی میری تجویز یہ کہہ کر رد کر دی گئی کہ ہمیں کونسا راستے میں رکنا ہے اور شام تک جھیل سیف الملوک پہنچنا تو ہے۔ بحر حال راہبر کے ساتھ چل پڑے۔ پانی، برف اور سبزے کی حسین وادی کے پر پیچ راستوں پر چلتے ہوئے بلکہ اپنے لیے راستہ بناتے ہوئے اور چڑھتے ہوئے ڈیڑھ گھنٹے میں چند گھروں پر مشتمل قصبے ڈھاریاں پہنچ گئے۔ وہاں واقع گھروں کے مالک چند ہی روز پہلے نیچے سے اوپر آئے تھے۔ ڈھاریاں، ریوڑی اور بہاڑی کے لوگ سردیوں میں برفباری کی وجہ سے گھر چھوڑ کر نیچے چلے جاتے ہیں اور برف پگھلنے کے ساتھ ساتھ بالترتیب پہلے پہاڑی، پھر ریوڑی اور پھر ڈھاریاں کے لوگ واپس اپنے گھروں میں آتے ہیں۔

مزید دو گھنٹے بالکل سیدھی پہاڑی پر چڑھتے ہوئے ہم چھ گھروں پر مشتمل قصبے ڈھیر پہنچ گئے۔ اس سفر نے تو بالکل ادھ موا کر ڈالا۔ ایک جگہ تو پیاس کی شدت سے بہت ہی نڈھال ہو رہے تھے کہ راہبر نے کہا" یہاں سے قریب ایک چشمہ ہے، میں اس سے پانی لیکر آتا ہوں۔" وہ پانچ منٹ میں ہماری واحد بوتل بھر لایا تو پانی پی کر آنکھوں میں تازگی آگئی ورنہ جیسے نظر ختم ہو رہی تھی۔ آنسو جھیل سے پہلے ڈھیر کے مقام پر آخری پڑاؤ ڈالنا پڑتا ہے۔ ہم وہاں دن بارہ بجے پہنچ گئے، تھکن سے چور اور بھوک پیاس سے نڈھال۔ پہنچتے ہی پانی پی لیا اور اپنی اپنی جگہ گر پڑے۔ کافی دیر تک دھوپ میں بے حس و حرکت پڑے رہے۔ ڈھیر کے لوگ ابھی آئے نہیں تھے اس لیے ان کے کمرے لکڑیوں اور شاخوں سے بھرے پڑے تھے۔ وہ لوگ نیچے اترتے وقت لکڑیاں کاٹ کر کمروں میں ٹھونس دیتے ہیں اور واپسی پر انہیں استعمال کرتے ہیں۔ ایک بجے ہم نے پراٹھے اور آلو

کے قتلے کھا لیے۔ دو بجے نماز سے فارغ ہو کر روانہ ہو ہی رہے تھے کہ مشتاق نے کہا "میری ٹانگ میں درد ہو رہا ہے مجھ سے چڑھا نہیں جائے گا۔" اب معاملہ خراب ہونے لگا۔ وہ بضد تھا کہ رات یہیں رہ لیتے ہیں حالانکہ اسی روز جھیل سیف الملوک پہنچنا اسی کا منصوبہ تھا۔ اب رات رہنے کے لیے نہ تو خیمہ اور بستر تھے اور نہ ہی کھانے پینے کی اشیا۔ خوب بحث کے بعد ہم نے ان کے حق میں فیصلہ کیا کہ جب چلا ہی نہیں جا سکتا تو کیا کیا جائے۔ فیصلہ ہوا کہ رات کو کسی کمرے سے لکڑیاں نکال کر وہیں رہ لیں گے۔ اس وقت ٹھنڈی ہوا چل رہی تھی مگر ہم چادریں اوڑھ کر دھوپ میں سو گئے۔ ٹھنڈ کی وجہ سے نیم خوابیدہ تھے کہ بارش نے جگا دیا۔ آسمان پر جگہ جگہ بادل کے ٹکڑے نمودار ہو چکے تھے اور وقفے وقفے سے چند قطرے گر رہے تھے۔ ہم نے ان قطروں کو پیشگی اطلاع سمجھ کر جلدی جلدی ایک کمرے سے لکڑیاں نکال کر صفائی کی اور پھر موسم اور دنیا کے شور سے دور، خوبصورت وادی کے پہاڑوں، برف، سبزے اور صاف ستھرے اور پر فضا ماحول سے لطف اندوز ہونے لگے۔ مغرب ہونے کو تھی کہ بارش تیز ہو گئی۔ ہم کمرے میں گھس گئے۔ کلیم آگ جلانے لگا مگر لکڑیاں آگ پکڑ نہیں رہی تھیں۔ دھواں بہت زیادہ ہو رہا تھا اور ہم اسے برداشت کرنے پر مجبور تھے۔ اچانک مجھے اپنی ران کے قریب خارش اور شدید جلن محسوس ہوئی۔ کافی دیر تک تو میں برداشت کرتا رہا مگر بارش کے تھمتے ہی باہر نکل کر ایک ساتھی کی بیٹری کی روشنی میں جو دیکھا تو میرے پاؤں کے نیچے سے تو زمین نکل گئی۔ ٹھنڈ کو میں بھول گیا۔ مکھی جتنا کوئی گلابی رنگت والا کیڑا میرے بدن میں گھسا ہوا تھا، آدھی اندر اور آدھی باہر۔ پہلے میں نے ساتھیوں کو دیوانہ وار پکار کر باہر نکلنے کو کہا کہ کہیں ان کے ساتھ بھی ایسا نہ ہو جائے اور پھر اس چیز کو پکڑ کر کھینچتا رہا مگر وہ ناخنوں سے پھسلتی رہی۔ انتہائی تکلیف دہ حالت تھی۔ آخر ایک بھرپور جھٹکے سے نکل تو گئی مگر میری

بھی چیخیں نکل گئیں۔ میں درد اور جلن سے بری طرح تڑپ رہا تھا۔ کافی چھوٹی عمر سے میں اردو ڈائجسٹ میں اس قسم کے مضامین، سفر نامے، سنسنی خیز اور جاسوسی سے بھرے واقعات اور ناول افسانے پڑھتا آ رہا ہوں، جن میں قسم قسم کی خطرناک اور عجیب و غریب چیزوں سے واسطہ پڑتا رہتا ہے مگر اس مرتبہ میرے ساتھ ہی ایسا واقعہ پیش آیا کہ دم بخود رہ گیا۔ اس نے جسم کے اندر داخل ہو کر کیا کرنا تھا؟ اسکا سانس کیوں بند نہیں ہو رہا تھا؟ اگر میں نکالنے میں ناکام ہو جاتا تو کیا ہوتا؟ اگر نکالنے کے بعد بھی مجھے کچھ ہو گیا تو کیا کریں گے ؟ عجیب سوالات ذہن میں جنم لے رہے تھے۔ وہ دُور دراز پہاڑی مقام ہے جہاں ان دنوں اتفاقاً بھی کسی نے نہیں آنا، گاڑی کا راستہ نہیں ہے، گشتی فون کام نہیں کرتا، رات سر پر ہے، بارش کا موسم ہے۔ انتہائی ٹھنڈ ہے اور بچاؤ کے لیے کمرہ ایک ہی تھا جہاں سے نکلنا پڑا۔ دل ہی دل میں اللہ سے خیر و عافیت کی دعائیں مانگ رہا تھا۔ ساتھیوں کی مدد سے میں نے خود ہی اپنے آپ کو دونوں بازوؤں میں الرجی وغیرہ کے دو ٹیکے لگائے اور گولیاں کھالیں۔ اطمینان اس بات سے ہو رہا تھا کہ درد اور جلن میں مزید اضافہ نہیں ہو رہا تھا۔ جس کمرے سے بھاگ نکلے تھے وہ غالباً مویشیوں کا کمرہ تھا کیونکہ لکڑیاں نکالنے کے علاوہ ہم نے مینگنیاں وغیرہ بھی صاف کی تھیں۔ اس بار ساتھیوں نے صاف کمرے سے لکڑیاں اور شاخیں نکال کر جگہ صاف کر دی اور اندر گھس گئے مگر میں تو ڈرا ہوا تھا۔ میں نے دو جوڑے گرم کپڑے، پاجامہ، اوپر نیچے کئی گرم بنیان، دو گرم ٹوپیاں، دوہری جراب، بند جوتے اور دستانے وغیرہ سے خود کو ڈھانپ کر باہر دیوار کی آڑ میں ہوا سے محفوظ ایک جگہ پڑاؤ ڈالا۔ درد اور جلن میں ابھی کمی نہیں آئی تھی۔ عشا کے کافی دیر بعد پھر بارش شروع ہوئی۔ ٹھنڈ نے پہلے ہی پریشان کیا ہوا تھا کہ اوپر سے بارش بھی برسنے لگی لہٰذا میں بھی مجبوراً اندر چلا گیا۔ خوب آگ جل رہی تھی، کلیم اس کو بھیگنے نہیں دے رہا

تھا، کلیم کو اللہ خوش رکھے، سب سے چھوٹا تھا اور سب کی بہت خدمت کر رہا تھا۔ میں ڈر کی وجہ سے ساتھیوں کے درمیان میں ہی بیٹھا رہا۔ پراٹھوں کے ٹکڑے اور کچھ قتلے باقی تھے جسے ہم ہڑپ کر گئے۔ کسی کا پیٹ بھی نہیں بھرا جبکہ ابھی پوری رات اور دن کا تھکا دینے والا سفر باقی تھا اور کھانے کی کوئی شے باقی نہیں رہی تھی۔ لیٹتے بیٹھتے رات گزر گئی۔ کلیم نے پوری رات آگ جلائے رکھی۔ مجھ پر اللہ کا یہ کرم ہے کہ نیند مجھے ہر حال میں آ جاتی ہے۔ اس لیے جب لیٹتا تو سو جاتا اور جب زمین کی ٹھنڈک مزید سونے نہ دیتی تو بیٹھ جاتا۔ میرے سوا راہبر سمیت کوئی ساتھی رات بھر سو نہ سکا تھا۔ اگرچہ کمرہ خوب گرم تھا مگر زمین کی ٹھنڈک اس پر غالب تھی۔ جیسے تیسے قیامت کی رات گزر گئی۔

صبح آسمان بالکل صاف تھا اور موسم بھی سفر کے لیے مناسب ورنہ بری طرح پھنس جاتے۔ میری طبیعت بھی کافی بہتر تھی۔ خالی پیٹ اور ٹوٹے پھوٹے جسموں کے ساتھ صبح پانچ بجے سیدھا پہاڑ پر چڑھنا شروع کیا۔ پانی کی واحد بوتل راستے ہی میں خالی ہو گئی۔ دھوپ خوب تیز تھی اور ٹھنڈی ٹھنڈی ہوا بھی خوب چل رہی تھی۔ پہاڑی کی چوٹی سے پینتیس چالیس قدم پیچھے ہی تھے کہ ایسی جگہ سے گزرنا پڑا جہاں راستہ تھا ہی نہیں۔ پندرہ بیس قدم کا فاصلہ یوں طے کیا کہ پورا جسم پہاڑی کے ساتھ چپکا کر آہستہ آہستہ آگے بڑھتے گئے۔ دراصل وہاں سے راستہ گر گیا تھا اور صرف پھسلان باقی تھا۔ اگر پھسلتے تو نجانے کہاں جاتے۔ کھسکتے ہوئے میں نے نیچے کی طرف بالکل نہیں دیکھا ورنہ یا تو گر جاتا اور یا آگے ہی نہ جاتا۔ خوف کی وجہ سے جیسے خون اور دم خم ختم ہو چکا تھا مگر اللہ کا کرم ہوا کہ بخیریت گزر گئے۔ ساڑھے سات بجے یعنی ڈھائی گھنٹے بعد ہم چوٹی پر موجود تھے اور آنسو جھیل نظروں کے سامنے تھی۔ آنسو جھیل کو دیکھنے سے تھکاوٹ اور بھوک میں تو کمی

آ گئی مگر پیاس سے بُرا حال ہونے لگا۔ مشورہ کر کے طے شدہ رقم سے دو سو روپے بطور شکریہ راہبر کو زیادہ دیے۔ میں نے چپکے سے سو کا نوٹ مزید پکڑا دیا اور وہ خوشی خوشی واپس چلا گیا۔ ہم برف کے اوپر ہی نڈھال پڑے رہے۔ میں نے صاف برف بوتل میں پانی بنانے کے لیے ڈال دی مگر پانی بن نہیں رہا تھا۔

آنسو جھیل دیکھنے کے شوقین لوگوں کی چار اقسام ہیں۔

(ا) ایک وہ لوگ جو راستے سے ہی واپس ہو جاتے ہیں۔

(ب) دوسرے وہ جو چوٹی پر پہنچ تو جاتے ہیں لیکن دھند کی وجہ سے جھیل کو دیکھ نہیں پاتے۔

(ج) تیسرے وہ لوگ جو چوٹی پر بھی پہنچ جاتے ہیں اور اوپر سے جھیل کا نظارہ بھی کر لیتے ہیں مگر جھیل کے پاس نہیں جاتے۔ اسکی دو وجوہات ہیں۔ ایک یہ کہ جھیل راستے سے ایک طرف نیچے ہے۔ نیچے جھیل کے پاس جا کر دوبارہ اوپر چڑھنا ہوتا ہے جبکہ چوٹی پر پہنچ کر لوگوں کے بدن اس حد تک ریزہ ریزہ ہو چکے ہوتے ہیں کہ اُنہیں نیچے جانے آنے کی ہمت نہیں ہو پاتی۔ دوسری وجہ جھیل سے منسوب ڈراؤنی کہانیاں ہیں جن کی وجہ سے عام طور پر لوگوں کی ہمت نہیں ہوتی اور وہ اِسے اوپر سے دیکھنے پر ہی اکتفا کر لیتے ہیں۔

(د) چوتھی اور آخری قسم ان خوش نصیبوں کی ہے جو جھیل کے پانی میں ہاتھ پاؤں مار کر اور جھیل کے وسط میں جا کر اور برف کے اوپر چل پھر کر خوب لطف اٹھاتے ہیں۔

کچھ دیر ستانے کے بعد جب نیچے جانے کی بات ہوئی تو مشتاق نے کہا "تم جاؤ اور

بیگ میرے پاس چھوڑ دو۔" فخر عالم نے آہستہ سے میرے کان میں کہا" عارف بھائی نیچے نہیں جاتے بس آگے کو چلتے ہیں۔" فخر عالم ہم میں سب سے تگڑا بندہ تھا مگر اس چکر میں نجانے اس کو کیا ہو گیا۔ میں نے کہا" مجھے مرنا منظور ہے مگر نیچے ضرور جاؤں گا۔" کلیم بھی خوش ہوا۔ وہ ویسے بھی ہم تینوں سے زیادہ چست ثابت ہوا تھا۔ ہمیں دیکھ کر فخر عالم بھی راضی ہو گیا۔ ہم تینوں نے چادریں باندھ کر برف پر پھسلنا شروع کیا مگر پھسلان زیادہ نہ ہونے کی وجہ سے پھسل نہیں سکتے تھے اس لیے کھڑے ہو کر دوڑ لگا دی اور پانچ منٹ میں جھیل کے کنارے پہنچ گئے۔ گلا خشک ہو رہا تھا اس لیے پانی کی طرف لپکے مگر یہ دیکھ کر حالت مزید خراب ہو گئی کہ پانی مچھروں وغیرہ سے بھرا ہوا ہے۔ پانی اور برف میں بے شمار مردہ مچھر تھے۔ پانی پینے کی خواہش یہاں بھی پوری نہ ہو سکی۔ اوپر چوٹی پر تیز ہوا چل رہی تھی جبکہ نیچے جھیل کے پاس ہوا بالکل بند تھی جبکہ دھوپ بھی تیز تھی۔ گرمی، پیاس اور پیاس سے بے حال ہو جانے کے ڈر کی وجہ سے پسینہ بہنا شروع ہو گیا۔ آخر برف سے مچھر ہٹا ہٹا کر وقفے وقفے سے برف کھاتے رہے اور پیاس بجھانے کی ناکام کوشش کرتے رہے۔ جھیل کے گرد پگھلا ہوا پانی تقریباً تین فٹ نیچے تھا مگر درمیان میں برف ہی برف تھی جو جگہ جگہ سے ٹوٹ چکی تھی مگر پھر بھی ہم ڈرتے ڈرتے وہاں گئے۔ گھومے پھرے اور تصاویر بنائیں۔ جھیل کے منجمد پانی کے اوپر گھومتے ہوئے جو خوشی ہو رہی تھی اس کو الفاظ کا جامہ نہیں پہنایا جا سکتا اور پھر کچھ کھائے پیے بغیر۔ جھیل کی سیر کے بعد ہم بڑی مشکل سے چار وقفوں سے اوپر چڑھ گئے۔ چڑھنے میں ہمیں گھنٹہ لگا۔ اوپر پہنچے تو جسم بھوک، پیاس اور تھکاوٹ کی وجہ سے مکمل طور پر جواب دے گیا تھا مگر ہم نے آگے بڑھنا تھا۔ مہانڈری سے کھانے پینے کی اشیا نہ لینے پر کئی مقامات پر ساتھیوں نے افسوس کیا مگر اب بے سود تھا۔

دوسری طرف سے اترنے کا کوئی راستہ نہیں ہے۔ برف ہی برف ہے۔ چوٹی سے کم از کم ہزار میٹر تک خطرناک پھسلان ہے مگر پھسلنے کے سوا کوئی چارہ نہیں۔ ہم ڈر رہے تھے کیونکہ لڑھکنے کا خطرہ تھا۔ مشتاق نے پہل کی تو ہمیں بھی حوصلہ ہوا۔ جب وہ پھسل کر رکا تو کافی چھوٹا دکھائی دے رہا تھا۔ مرتے کیا نہ کرتے۔ آخر ہم بھی چادریں باندھ کر اپنے اپنے تھیلوں سمیت پھسل گئے۔ بڑی تیزی سے پھسلے تھے مگر مزہ بہت آیا تھا۔ آگے بھی جگہ جگہ تھوڑا تھوڑا پھسلتے رہے۔ برف کے نیچے سے پانی گزرنے کی آواز سنائی دینے لگی تو پیاس بجھانے کی امید پیدا ہونے کے باوجود اس جگہ سے پرے پرے چلتے رہے کہ کہیں دھنس نہ جائیں۔ آدھ گھنٹہ بعد پانی کے پاس پہنچے تو خوب سیر ہو کر پانی پی لیا۔ جان میں جان آئی تو اللہ کا شکر ادا کیا۔ دو گھنٹے تک برف اور پہاڑوں پر چلتے رہے اور مزید ڈیڑھ گھنٹہ زمینی برف پر چلتے رہنے کے بعد دو بجے کے قریب جھیل سیف الملوک پہنچے ہی تھے کہ موسلا دھار قسم کی بارش شروع ہو گئی۔ بھوک تھکاوٹ اور بے خوابی کو مسلسل برداشت کرنے سے ایک موقع ایسا آتا ہے کہ ان تینوں چیزوں کا احساس مٹ جاتا ہے۔ جھیل سیف الملوک پہنچ کر ہم بالکل خودکار مشینیں بن چکے تھے۔ نہ کھانے اور سونے کی آرزو تھی اور نہ ہی تھکاوٹ کا احساس ہو رہا تھا۔ گرم گرم چائے پی کر ناران کے لیے جیپ پر بیٹھ گئے۔ ناران میں لوگوں کا آنا ابھی شروع نہیں ہوا تھا اس لیے اچھے بھلے ہوٹل میں کوڑیوں کے مول کمرہ مل گیا۔ اگلے دن جب تصاویر صاف کر کے دیکھ رہے تھے اور وہاں مقیم نوجوانوں کے ایک گروہ کے ایک فرد کو آنسو جھیل کی تصاویر نظر آئیں تو وہ ہم سے پوچھنے لگا "آنسو جھیل جا کر لوگ واپس بھی آ سکتے ہیں ؟" ہم ہنسے اور احساس ہوا کہ آنسو جھیل کی کتنی دہشت ہے۔

آنسو جھیل دیکھنے کے خواہش مند مندرجہ ذیل نکات پر عمل کریں تو ان کے حق میں بہتر ہو گا۔

ا۔ پیسے جتنے زیادہ ہوں اتنا ہی اچھا ہے۔ پوری ٹیم کے پاس کم پڑ گئے تو پوری ٹیم اور اگر ایک کے پاس کم پڑ گئے تو وہی اکیلا آگے کے سفر سے محروم یا ٹیم پر بوجھ ہو گا۔

۲۔ جون کے وسط میں جانا بہتر ہے۔ اس سے پہلے اور بعد میں جانے والوں کو عموماً دھند اور بارشوں کا سامنا کرنا پڑتا ہے۔

۳۔ افراد جتنے زیادہ ہوں اتنا اچھا ہے۔ سب کو تکلیف میں دیکھ کر اپنی تکلیف ہلکی محسوس ہونے لگتی ہے اور سب سے بڑی بات یہ ہے کہ اللہ نہ کرے اگر کوئی حادثہ پیش آ جائے تو افراد کی کمی محسوس نہیں ہو گی۔ مگر ساتھی ہمت والے ہوں۔ ورنہ کم ہی بہتر ہیں۔ کم از کم چار پانچ تو ہوں۔

۴۔ طاقت والی چیزیں کھائیں اور اپنے ساتھ لے کر بھی جائیں۔

۵۔ سفر سے متعلق تمام چیزیں اٹھائیں مگر غیر ضروری چیزوں کو خود پر بوجھ نہ بنائیں۔

۶۔ سفری تھیلے اچھے اور مضبوط ہوں۔ دونوں بازوؤں میں ڈال کر پیٹھ پر لٹکانے والے ہوں۔

۷۔ ہر ساتھی کے پاس پانی کی اپنی بوتل ہو۔

۸۔ جوتے مضبوط اور پھسلنے والے نہ ہوں۔

۹۔ پیسوں کے لیے محفوظ جیب چاہیے۔

۱۰۔ برف کی چمک سے بچنے کے لیے کالا چشمہ بہت ضروری ہے۔

۱۱۔ ماچس، لائٹر، چاقو، ویسلین، بیٹری اور ٹشو پیپر وغیرہ ساتھ لینا نہ بھولیں۔

۱۲۔ ضروری گولیاں، ٹیکے اور پٹی کا سامان۔

۱۳۔ ایبٹ آباد کے بجائے مانسہرہ کی گاڑی مل سکتی ہو تو اچھا ہے کیونکہ ایبٹ آباد سے مانسہرہ کے لیے تھوڑے دھکے کھانے پڑتے ہیں۔

۱۴۔ مانسہرہ سے مہانڈری کی گاڑی بالا کوٹ کے اڈے سے ہی ملتی ہے۔

۱۵۔ اگر ممکن ہو تو کم از کم ایک ساتھی ضرور ایسا ہونا چاہیے جو پہلے اس سفر پر گیا ہو۔

۱۶۔ مہانڈری یا بہاڑی سے اس وقت تک نہ نکلیں جب تک راہبر اور خوراک میسر نہ آجائے۔

۱۷۔ اگر سامان اٹھانا مشکل ہو تو گدھے والا راہبر ڈھونڈیں۔

۱۸۔ ڈھیر میں ہر حال میں رات گزاریں اور اضافی خوراک ضرور ساتھ رکھیں۔

۱۹۔ مہانڈری کی طرف سے جانا بہتر ہے کیونکہ جھیل سیف الملوک کی طرف سے جانے میں ہزار میٹر کی برفانی چڑھائی چڑھنا ناممکن حد تک مشکل ہے۔

۲۰۔ سب سے اہم بات یہ کہ جھیل کو دیکھ کر اپنا فیصلہ دیجیے گا کہ یہ آنسو جھیل ہے یا اس کو آنکھ جھیل کا نام دینا چاہیے تھا۔

***

یادوں کا ایک سفر نامہ

یادوں کے چاند ستارے

مصنف : رفعت سروش

بین الاقوامی ایڈیشن منظر عام پر آ چکا ہے